Weekly Chore Chart

INFORMATION

NAME

ADDRESS

E-MAIL ADDRESS

WEBSITE

PHONE   **FAX**

DAILY CHORES

WHAT	WHO	S	M	T	W	T	F	S

WEEKLY CHORES

WHAT		WHAT	

DAILY CHORES

WHAT	WHO	S	M	T	W	T	F	S

WEEKLY CHORES

WHAT		WHAT	

DAILY CHORES

WHAT	WHO	S	M	T	W	T	F	S

WEEKLY CHORES

WHAT		WHAT	

DAILY CHORES

WHAT	WHO	S	M	T	W	T	F	S

WEEKLY CHORES

WHAT		WHAT	

DAILY CHORES

WHAT	WHO	S	M	T	W	T	F	S

WEEKLY CHORES

WHAT		WHAT	

DAILY CHORES

WHAT	WHO	S	M	T	W	T	F	S

WEEKLY CHORES

WHAT		WHAT	

DAILY CHORES

WHAT	WHO	S	M	T	W	T	F	S

WEEKLY CHORES

WHAT		WHAT	

DAILY CHORES

WHAT	WHO	S	M	T	W	T	F	S

WEEKLY CHORES

WHAT		WHAT	

DAILY CHORES

WHAT	WHO	S	M	T	W	T	F	S

WEEKLY CHORES

WHAT		WHAT	

DAILY CHORES

WHAT	WHO	S	M	T	W	T	F	S

WEEKLY CHORES

WHAT		WHAT	

DAILY CHORES

WHAT	WHO	S	M	T	W	T	F	S

WEEKLY CHORES

WHAT		WHAT	

DAILY CHORES

WHAT	WHO	S	M	T	W	T	F	S

WEEKLY CHORES

WHAT		WHAT	

DAILY CHORES

WHAT	WHO	S	M	T	W	T	F	S

WEEKLY CHORES

WHAT		WHAT	

DAILY CHORES

WHAT	WHO	S	M	T	W	T	F	S

WEEKLY CHORES

WHAT		WHAT	

DAILY CHORES

WHAT	WHO	S	M	T	W	T	F	S

WEEKLY CHORES

WHAT		WHAT	

DAILY CHORES

WHAT	WHO	S	M	T	W	T	F	S

WEEKLY CHORES

WHAT		WHAT	

DAILY CHORES

WHAT	WHO	S	M	T	W	T	F	S

WEEKLY CHORES

WHAT		WHAT	

DAILY CHORES

WHAT	WHO	S	M	T	W	T	F	S

WEEKLY CHORES

WHAT		WHAT	

DAILY CHORES

WHAT	WHO	S	M	T	W	T	F	S

WEEKLY CHORES

WHAT		WHAT	

DAILY CHORES

WHAT	WHO	S	M	T	W	T	F	S

WEEKLY CHORES

WHAT		WHAT	

DAILY CHORES

WHAT	WHO	S	M	T	W	T	F	S

WEEKLY CHORES

WHAT		WHAT	

DAILY CHORES

WHAT	WHO	S	M	T	W	T	F	S

WEEKLY CHORES

WHAT		WHAT	

DAILY CHORES

WHAT	WHO	S	M	T	W	T	F	S

WEEKLY CHORES

WHAT		WHAT	

DAILY CHORES

WHAT	WHO	S	M	T	W	T	F	S

WEEKLY CHORES

WHAT		WHAT	

DAILY CHORES

WHAT	WHO	S	M	T	W	T	F	S

WEEKLY CHORES

WHAT		WHAT	

DAILY CHORES

WHAT	WHO	S	M	T	W	T	F	S

WEEKLY CHORES

WHAT		WHAT	

DAILY CHORES

WHAT	WHO	S	M	T	W	T	F	S

WEEKLY CHORES

WHAT		WHAT	

DAILY CHORES

WHAT	WHO	S	M	T	W	T	F	S

WEEKLY CHORES

WHAT		WHAT	

DAILY CHORES

WHAT	WHO	S	M	T	W	T	F	S

WEEKLY CHORES

WHAT		WHAT	

DAILY CHORES

WHAT	WHO	S	M	T	W	T	F	S

WEEKLY CHORES

WHAT		WHAT	

DAILY CHORES

WHAT	WHO	S	M	T	W	T	F	S

WEEKLY CHORES

WHAT		WHAT	

DAILY CHORES

WHAT	WHO	S	M	T	W	T	F	S

WEEKLY CHORES

WHAT		WHAT	

DAILY CHORES

WHAT	WHO	S	M	T	W	T	F	S

WEEKLY CHORES

WHAT		WHAT	

DAILY CHORES

WHAT	WHO	S	M	T	W	T	F	S

WEEKLY CHORES

WHAT		WHAT	

DAILY CHORES

WHAT	WHO	S	M	T	W	T	F	S

WEEKLY CHORES

WHAT		WHAT	

DAILY CHORES

WHAT	WHO	S	M	T	W	T	F	S

WEEKLY CHORES

WHAT		WHAT	

DAILY CHORES

WHAT	WHO	S	M	T	W	T	F	S

WEEKLY CHORES

WHAT		WHAT	

DAILY CHORES

WHAT	WHO	S	M	T	W	T	F	S

WEEKLY CHORES

WHAT		WHAT	

DAILY CHORES

WHAT	WHO	S	M	T	W	T	F	S

WEEKLY CHORES

WHAT		WHAT	

DAILY CHORES

WHAT	WHO	S	M	T	W	T	F	S

WEEKLY CHORES

WHAT		WHAT	

DAILY CHORES

WHAT	WHO	S	M	T	W	T	F	S

WEEKLY CHORES

WHAT		WHAT	

DAILY CHORES

WHAT	WHO	S	M	T	W	T	F	S

WEEKLY CHORES

WHAT		WHAT	

DAILY CHORES

WHAT	WHO	S	M	T	W	T	F	S

WEEKLY CHORES

WHAT		WHAT	

DAILY CHORES

WHAT	WHO	S	M	T	W	T	F	S

WEEKLY CHORES

WHAT		WHAT	

DAILY CHORES

WHAT	WHO	S	M	T	W	T	F	S

WEEKLY CHORES

WHAT		WHAT	

DAILY CHORES

WHAT	WHO	S	M	T	W	T	F	S

WEEKLY CHORES

WHAT		WHAT	

DAILY CHORES

WHAT	WHO	S	M	T	W	T	F	S

WEEKLY CHORES

WHAT		WHAT	

DAILY CHORES

WHAT	WHO	S	M	T	W	T	F	S

WEEKLY CHORES

WHAT		WHAT	

DAILY CHORES

WHAT	WHO	S	M	T	W	T	F	S

WEEKLY CHORES

WHAT		WHAT	

DAILY CHORES

WHAT	WHO	S	M	T	W	T	F	S

WEEKLY CHORES

WHAT		WHAT	

DAILY CHORES

WHAT	WHO	S	M	T	W	T	F	S

WEEKLY CHORES

WHAT		WHAT	

DAILY CHORES

WHAT	WHO	S	M	T	W	T	F	S

WEEKLY CHORES

WHAT		WHAT	

DAILY CHORES

WHAT	WHO	S	M	T	W	T	F	S

WEEKLY CHORES

WHAT		WHAT	

DAILY CHORES

WHAT	WHO	S	M	T	W	T	F	S

WEEKLY CHORES

WHAT		WHAT	

DAILY CHORES

WHAT	WHO	S	M	T	W	T	F	S

WEEKLY CHORES

WHAT		WHAT	

DAILY CHORES

WHAT	WHO	S	M	T	W	T	F	S

WEEKLY CHORES

WHAT		WHAT	

DAILY CHORES

WHAT	WHO	S	M	T	W	T	F	S

WEEKLY CHORES

WHAT		WHAT	

DAILY CHORES

WHAT	WHO	S	M	T	W	T	F	S

WEEKLY CHORES

WHAT		WHAT	

DAILY CHORES

WHAT	WHO	S	M	T	W	T	F	S

WEEKLY CHORES

WHAT		WHAT	

DAILY CHORES

WHAT	WHO	S	M	T	W	T	F	S

WEEKLY CHORES

WHAT		WHAT	

DAILY CHORES

WHAT	WHO	S	M	T	W	T	F	S

WEEKLY CHORES

WHAT		WHAT	

DAILY CHORES

WHAT	WHO	S	M	T	W	T	F	S

WEEKLY CHORES

WHAT		WHAT	

DAILY CHORES

WHAT	WHO	S	M	T	W	T	F	S

WEEKLY CHORES

WHAT		WHAT	

DAILY CHORES

WHAT	WHO	S	M	T	W	T	F	S

WEEKLY CHORES

WHAT		WHAT	

DAILY CHORES

WHAT	WHO	S	M	T	W	T	F	S

WEEKLY CHORES

WHAT		WHAT	

DAILY CHORES

WHAT	WHO	S	M	T	W	T	F	S

WEEKLY CHORES

WHAT		WHAT	

DAILY CHORES

WHAT	WHO	S	M	T	W	T	F	S

WEEKLY CHORES

WHAT		WHAT	

DAILY CHORES

WHAT	WHO	S	M	T	W	T	F	S

WEEKLY CHORES

WHAT		WHAT	

DAILY CHORES

WHAT	WHO	S	M	T	W	T	F	S

WEEKLY CHORES

WHAT		WHAT	

DAILY CHORES

WHAT	WHO	S	M	T	W	T	F	S

WEEKLY CHORES

WHAT		WHAT	

DAILY CHORES

WHAT	WHO	S	M	T	W	T	F	S

WEEKLY CHORES

WHAT		WHAT	

DAILY CHORES

WHAT	WHO	S	M	T	W	T	F	S

WEEKLY CHORES

WHAT		WHAT	

DAILY CHORES

WHAT	WHO	S	M	T	W	T	F	S

WEEKLY CHORES

WHAT		WHAT	

DAILY CHORES

WHAT	WHO	S	M	T	W	T	F	S

WEEKLY CHORES

WHAT		WHAT	

DAILY CHORES

WHAT	WHO	S	M	T	W	T	F	S

WEEKLY CHORES

WHAT		WHAT	

DAILY CHORES

WHAT	WHO	S	M	T	W	T	F	S

WEEKLY CHORES

WHAT		WHAT	

DAILY CHORES

WHAT	WHO	S	M	T	W	T	F	S

WEEKLY CHORES

WHAT		WHAT	

DAILY CHORES

WHAT	WHO	S	M	T	W	T	F	S

WEEKLY CHORES

WHAT		WHAT	

DAILY CHORES

WHAT	WHO	S	M	T	W	T	F	S

WEEKLY CHORES

WHAT		WHAT	

DAILY CHORES

WHAT	WHO	S	M	T	W	T	F	S

WEEKLY CHORES

WHAT		WHAT	

DAILY CHORES

WHAT	WHO	S	M	T	W	T	F	S

WEEKLY CHORES

WHAT		WHAT	

DAILY CHORES

WHAT	WHO	S	M	T	W	T	F	S

WEEKLY CHORES

WHAT		WHAT	

DAILY CHORES

WHAT	WHO	S	M	T	W	T	F	S

WEEKLY CHORES

WHAT		WHAT	

DAILY CHORES

WHAT	WHO	S	M	T	W	T	F	S

WEEKLY CHORES

WHAT		WHAT	

DAILY CHORES

WHAT	WHO	S	M	T	W	T	F	S

WEEKLY CHORES

WHAT		WHAT	

DAILY CHORES

WHAT	WHO	S	M	T	W	T	F	S

WEEKLY CHORES

WHAT		WHAT	

DAILY CHORES

WHAT	WHO	S	M	T	W	T	F	S

WEEKLY CHORES

WHAT		WHAT	

DAILY CHORES

WHAT	WHO	S	M	T	W	T	F	S

WEEKLY CHORES

WHAT		WHAT	

DAILY CHORES

WHAT	WHO	S	M	T	W	T	F	S

WEEKLY CHORES

WHAT		WHAT	

DAILY CHORES

WHAT	WHO	S	M	T	W	T	F	S

WEEKLY CHORES

WHAT		WHAT	

DAILY CHORES

WHAT	WHO	S	M	T	W	T	F	S

WEEKLY CHORES

WHAT		WHAT	

DAILY CHORES

WHAT	WHO	S	M	T	W	T	F	S

WEEKLY CHORES

WHAT		WHAT	

DAILY CHORES

WHAT	WHO	S	M	T	W	T	F	S

WEEKLY CHORES

WHAT		WHAT	

DAILY CHORES

WHAT	WHO	S	M	T	W	T	F	S

WEEKLY CHORES

WHAT		WHAT	

DAILY CHORES

WHAT	WHO	S	M	T	W	T	F	S

WEEKLY CHORES

WHAT		WHAT	

DAILY CHORES

WHAT	WHO	S	M	T	W	T	F	S

WEEKLY CHORES

WHAT		WHAT	

DAILY CHORES

WHAT	WHO	S	M	T	W	T	F	S

WEEKLY CHORES

WHAT		WHAT	

DAILY CHORES

WHAT	WHO	S	M	T	W	T	F	S

WEEKLY CHORES

WHAT		WHAT	

DAILY CHORES

WHAT	WHO	S	M	T	W	T	F	S

WEEKLY CHORES

WHAT		WHAT	

DAILY CHORES

WHAT	WHO	S	M	T	W	T	F	S

WEEKLY CHORES

WHAT		WHAT	

DAILY CHORES

WHAT	WHO	S	M	T	W	T	F	S

WEEKLY CHORES

WHAT		WHAT	

DAILY CHORES

WHAT	WHO	S	M	T	W	T	F	S

WEEKLY CHORES

WHAT		WHAT	

DAILY CHORES

WHAT	WHO	S	M	T	W	T	F	S

WEEKLY CHORES

WHAT		WHAT	

DAILY CHORES

WHAT	WHO	S	M	T	W	T	F	S

WEEKLY CHORES

WHAT		WHAT	

DAILY CHORES

WHAT	WHO	S	M	T	W	T	F	S

WEEKLY CHORES

WHAT		WHAT	

DAILY CHORES

WHAT	WHO	S	M	T	W	T	F	S

WEEKLY CHORES

WHAT		WHAT	

DAILY CHORES

WHAT	WHO	S	M	T	W	T	F	S

WEEKLY CHORES

WHAT		WHAT	

DAILY CHORES

WHAT	WHO	S	M	T	W	T	F	S

WEEKLY CHORES

WHAT		WHAT	

DAILY CHORES

WHAT	WHO	S	M	T	W	T	F	S

WEEKLY CHORES

WHAT		WHAT	

DAILY CHORES

WHAT	WHO	S	M	T	W	T	F	S

WEEKLY CHORES

WHAT		WHAT	

DAILY CHORES

WHAT	WHO	S	M	T	W	T	F	S

WEEKLY CHORES

WHAT		WHAT	

DAILY CHORES

WHAT	WHO	S	M	T	W	T	F	S

WEEKLY CHORES

WHAT		WHAT	

DAILY CHORES

WHAT	WHO	S	M	T	W	T	F	S

WEEKLY CHORES

WHAT		WHAT	

DAILY CHORES

WHAT	WHO	S	M	T	W	T	F	S

WEEKLY CHORES

WHAT		WHAT	

DAILY CHORES

WHAT	WHO	S	M	T	W	T	F	S

WEEKLY CHORES

WHAT		WHAT	

DAILY CHORES

WHAT	WHO	S	M	T	W	T	F	S

WEEKLY CHORES

WHAT		WHAT	

DAILY CHORES

WHAT	WHO	S	M	T	W	T	F	S

WEEKLY CHORES

WHAT		WHAT	

DAILY CHORES

WHAT	WHO	S	M	T	W	T	F	S

WEEKLY CHORES

WHAT		WHAT	

DAILY CHORES

WHAT	WHO	S	M	T	W	T	F	S

WEEKLY CHORES

WHAT		WHAT	

CPSIA information can be obtained
at www.ICGtesting.com
Printed in the USA
LVHW011100210221
679512LV00002B/294

9 789885 181349